AF273791

# Un hueso casi invisible

© *Lauren Mendinueta, 2025*

Ilustración de cubierta: *Mujer y lobos*
80x53. Oleo sobre lienzo, 2013
© Breza Cecchini Ríu, 2025

© Del prólogo, Dinis H. Machado, 2025

© *Editorial Difácil, 2025*
editorial.difacil@gmail.com
www.difacil.com
ISBN: 978-84-10363-17-5
Depósito Legal: VA 501-2025

Imprime: Imedisa

Impreso en España

LAUREN MENDINUETA

# *Un hueso casi invisible*

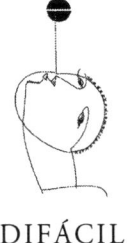

DIFÁCIL

# PRÓLOGO

Lauren Mendinueta escribe con los huesos de la memoria. En *Un hueso casi invisible*, la poeta teje una cartografía del cuerpo y del lenguaje, donde cada poema es cicatriz, embrión o herida abierta. En este libro, a la vez luminoso y brutal, temas como la maternidad, el exilio, la violencia y la herencia femenina se convierten en materia poética con una delicadeza rara y perturbadora.

A lo largo de estas páginas escuchamos el latido de una voz que no renuncia a la verdad, incluso cuando duele. Entre el silencio de las casas y el eco de las palabras prohibidas, la autora desvela un mundo interior poblado por madres, hijas y sombras que no se borran.

*Un hueso casi invisible* es un libro que leemos como si estuviéramos buscando a tientas en la oscuridad de una herida. Este poemario constituye un cuerpo orgánico de dolor, desobediencia y belleza; un libro donde cada palabra late con la memoria de lo femenino herido y resiliente, en una tradición poética que abarca siglos de silencio y resistencia.

La metáfora inaugural del estribo —el hueso más pequeño del cuerpo humano, responsable de la vibración auditiva— es particularmente acertada: aquello que vibra y nos permite oír es también lo que, siendo casi invisible, puede ensordecernos. El poema que da título al libro desentierra el «hueso estribo del Padre», devolviendo a las mujeres la capacidad de vibrar, cantar y denunciar, en una clara operación de excavación política y poética del lenguaje patriarcal.

Dividido en cinco partes —«Estribo, un hueso casi invisible», «Gretel y sus hermanas», «Seré honesta», «La casa del acantilado» y «No puedo posponer el amor»—, el libro explora múltiples capas de violencia simbólica y concreta: el cuerpo de la mujer como territorio ocupado, la lengua como espacio de exilio, la maternidad como dolor y legado, el amor como campo de batalla y redención. Hay ecos de Alejandra Pizarnik, Anna Ajmátova, Gabriela Mistral y Adília Lopes, no sólo en los epígrafes que preceden a los poemas, incluso en la propia trama de la escritura, donde se entrecruzan la confesión, el delirio y la lucidez crítica.

La sección «Gretel y sus hermanas» profundiza en la pedagogía de la sumisión femenina a través de figuras mitológicas y culturales transfiguradas: Aristóteles se convierte en Papá Pitufo, la casa se convierte en un acantilado, la maternidad es una cesárea que «palpita, supura, duele». La poeta crea un nuevo vocabulario para hablar de la infancia, la sexualidad y la relación entre madres e hijas, siempre a través de imágenes inesperadas, como la costura, el hueso, el vestido y la sombra.

Lo que este libro propone, en esencia, es una nueva forma de escuchar: una escucha de lo que ha sido amputado, silenciado y acallado. El «canto de los huesos» del que habla el poema final es la metáfora de una genealogía subterránea que ahora se torna audible, entre rastros de sangre, costuras mal cosidas y lamentos susurrados. Una oralidad tensa y vibrante se conserva en cada poema, como en «Mi lengua se la comieron los ratones», donde el bilingüismo se transforma en herida y arma.

Una obra luminosa y terrible, *Un hueso casi invisible* es una de las grandes obras de la poesía de nuestro tiempo. Con un lirismo crudo y una arquitectura fragmentada pero coherente, Lauren Mendinueta nos ofrece un libro que es a la vez elegía, acusación, testamento y ritual.

Dinis H. Machado
Editor portugués de *Un hueso casi invisible*

8

*Para Edouard Rambourg,*
*compañero de mi vida y oyente atento, con todo mi amor*

*Dueña de dos voces, con la una entro en la otra como una extraña, mi lengua es extranjera en la casa verbal que es la casa del padre, y no entienden los que allí se agitan, yo dice amor y ellos evocan a la presa en su madriguera, yo dice ella y ellos riman histeria, yo es una música y ellos la vuelven paralítica.*

ANA BECCIU

# ESTRIBO, UN HUESO CASI INVISIBLE

*Distante, amarillento, anónimo, sus manos*
*empuñan todavía un bastón de caoba*
*¡aunque hace tanto tiempo se perdieron sus huesos!*

ROSARIO CASTELLANOS

*Pero el hueso está dentro,*
*dentro, moviéndose a oscuras.*

ALMUDENA VEGA

*Padre de mí que tocas la costra y la mugre*
*y el ladrido que escucho,*
*¿escuchas?*

MARÍA BARANDA

---

El *estribo* es el hueso más pequeño del cuerpo. Se encuentra en el oído medio. Recuerda por su forma anatómica al estribo de un jinete. Consta de una base, un asa en forma de herradura y una cabeza. Si el estribo no vibra de forma adecuada ensordecemos.

# UN HUESO CASI INVISIBLE

Astros remotos.
¿Permanece la tierra que pisamos?
¿Existe la misma tierra
que pisamos?
Nosotras
transparencia dichosa,
cansadas de vibrar
mientras la vasta noche
extingue la luz
y la voz.
Con nuestras manos desenterramos
el hueso estribo del Padre.
Ese hueso canta.
Ese hueso
tiene el plumaje de las águilas
y brilla.
Padre de todas nosotras,
mira nuestras manos.
Te desenterramos
y duele.
Siente el beso largo
en tu hueso estribo.
La lengua que no te pertenece,
Padre, penetra
en tu hueso estribo.
Nosotras también seremos hueso,
hueso semilunar,
estribo y el resto.

Pero antes te hemos parido.
Y la embestida del parto
fue brutal.
¿Acaso todavía brotarás de la tierra
para silenciarnos?
Todo en ti hueso esculpido.
Todo en ti repele y acoge,
lontananza invertida.
De tu hueso estribo
haremos una antorcha.

# HISTORIA DEL MARFIL

Oímos el latido del marfil
desprendido de su cuerpo.
El hueso libre fue piedra viva,
fue otro en su forma blanda,
dulcísima, ahora luto.
Blancos colmillos
donde la curva leve
acusaba al cielo
de indiferente.
Luto,
me dice el marfil.
Espuma,
forma blanca,
barro.
Tú,
en el barro,
yo,
mujer de barro
en el barro.
Esa región serena
donde alguna vez
fuimos iguales.
El marfil
todavía brillante,
lejos,
lejos de la vida
y en tus manos.

# VIENTOS SOLARES

Vientos solares.
No olvidamos su tiranía
fina y dulce,
nuestros dedos, ojos,
pestañas
y pechos gastados.

Cuando el sol se pone,
una canción de cuna
hunde los dientes
en nuestras venas.

El sol,
última lágrima
sobre el hombro de nadie,
memoria y tiempo.
Vientos solares,
una y otra vez
contra la cara.

El sol existe invicto
en el aire irrespirable.
Luz,
luz en las venas,
acaso lucidez
un día.

Acaso la luz
inviolable
envolverá
el grito
de la mujer
sola.

# CIELOS SUBTERRÁNEOS

Volcadas sobre el vacío,
sentíamos la caricia del terciopelo
de la sombra,
abajo.
A los cielos subterráneos
de negro invencible,
nauseabundo,
llegamos sin hacer ruido.
No elegimos nosotras el vacío.
Nuestros pies
por caminos condenados
se arrastraron.
Este territorio se extiende
allende el mar.
Debe de existir
un cielo azul
en otra parte.
Un abanico de olmos
para cantar.
Nuestros pies, amarrados,
sólo se podían arrastrar
por mundos subterráneos.
No conocíamos la luz,
nosotras
que batallábamos
sobre lumbre.

# HABÍA PENSADO

Qué país
tan hermoso el mío.
En el corazón
de las estrellas
como un gladiolo
reluce.
Creí
que era un príncipe
la bestia de los vientos,
la luna de ayer,
tan redonda
como un ojo,
creí que era la luna.
Había pensado:
si la oscuridad fuese suave
en mi hermoso país,
no le temería a la bestia.
Pero me quedé dormida
hecha un ovillo de tripas
en el valle de las muertas.

# HERIDA

Entre alientos ajenos,
fuimos creciendo
con los años,
creciendo con la rabia.
Eternas y sin nombre,
pequeñas almas
de regiones recónditas.
Nosotras, trémulas pirámides,
en el pozo sin agua
color de madrugada.
Algunos granos de granada
podrida, sobre los ojos
de la niña.

Con un hueso casi invisible,
nos expulsaron del hogar.
Puede leerse
esa herida,
sus letras perturban
la aparente perfección
del vacío.

# INTOCABLES

Nuestro cuerpo
puerta blanca,
imagen
de un mal sin cara,
preso
sobre el mundo
como sombra
aterrada,
carne
sin rostro,
tierra quemada
por la rabia.
Nosotras,
intocables
como la lepra.
Somos
troncos fértiles,
troncos y ataúdes.
Somos
carne abierta,
clausurada.

Imposibles de habitar,
nuestros cuerpos,
materia vegetal
arrasada.

## PAPÁ PITUFO, PAPÁ ARISTÓTELES

El sabio
Papá Pitufo
lo tiene bien claro.
Se admite
sólo una mujer
en minifalda
y zapatos de tacón
alto
para estampar
en ciertas caras
—léase aquí
femeninas—.
Rubia
es siempre ideal.
Labios carnosos,
tetas grandes,
dulzura sin fin.
Ningún rastro
de carácter.
¿Voz?
Sólo
para lo
indispensable.
Todas
las otras
prohibidas
de entrar.

Y es que
«las hembras
son más débiles
y frías
por naturaleza
y hay que considerar
al sexo
femenino
como una
malformación
natural»,
escribió
el sabio
Papá Aristóteles.

# GRETEL Y SUS HERMANAS

*El aprendizaje de la sumisión y el silencio*
*Madre, yo no quiero hacer encaje*
*no quiero los bolillos*
*no quiero la pesarosa saga*
*No quiero ser mujer.*

CRISTINA PERI ROSSI

*Una en mí maté;*
*ya no la amaba.*

GABRIELA MISTRAL

## GRETEL Y SUS HERMANAS

Un hueso pedimos,
no,
nosotras suplicamos por un hueso.
Un hueso
para salvar la vida.
No, nunca pretendimos
la jaula cerrada.
Habitantes
de la intemperie
crecimos
y engordamos
en la jaula.
Qué alto el cielo,
tan frío
a través de los barrotes.
Tan distante,
tan difícil de alcanzar
ese cielo
con su promesa
de grandes mansiones.
Nosotras
crearemos
un hueso,
fuera de la jaula
lo forraremos de carne.
Lejos de todas las jaulas
sobre la tierra,

el hueso encarnado
será un *souvenir*
de la fragilidad
en nuestras vidas.
Hueso, jaula
y bruja,
todo adentro,
más cerca
que el cielo
y nuestro.

## LOS REYES MAGOS

La vida
apenas comenzaba.
Una niña finisecular,
dijeron los Magos.
Marcada
por todos los males
de un siglo,
dijeron.
Una mujer genisecular,
dije yo misma,
marcada
por todos los males
de un género,
dije yo misma.
Una lista de deseos,
me pidieron ellos.
«Que no me callen,
que no me violen,
que no me maten»,
escribí, otra vez.

## SOBRE LA LUZ

Un bosque de mujeres crece sobre la luz.
Con frecuencia oscurece sobre el bosque,
pero la luz anida en las raíces
y como un pájaro
sacude la oscuridad de sus alas.
Habita un dolor humilde
en el bosque, un dolor humano.
Los árboles sueñan con su dios
y ese dios es un hacha
con dos alas afiladas.
Los árboles suplicando
se inclinan hacia la luz, lánguidos,
y sus ramas preñadas se pudren
hacia abajo,
en la claridad de lo resucitado.

# APOCALIPSIS 12

«Una mujer vestida de sol,
y la luna bajo sus pies,
y sobre su cabeza una corona
de doce estrellas. Y estando preñada,
clama con dolores de parto,
y sufre tormento por parir.»
Mi abuela
vestida de harapos,
alpargatas
en los pies,
ninguna corona,
a no ser de espinas,
y los mismos
dolores de parto
quebrándola.
El hijo atravesó
el himen
de la virgen
como la luz
atraviesa un cristal.
Mi madre,
sus hermanos
y hermanas
rompieron todo
a su paso,
siete partos vulgares.

Y la vida
de mi abuela,
tan parecida
al manto del tormento
sobre la anchura
de la tierra,
muy poco tuvo
de gloriosa
o virginal.

## LECHE MATERNA

El olor dulce
de la lecha materna
se mete
en mis narinas.
Palpo mis pechos,
la leche se secó
hace décadas.
No hay parturienta
en casa.
Ninguna
recién parida,
pero el olor,
ese olor
a polvo dulce
y sangre,
está aquí,
conmigo.
Y se acuerda de mí.

# OTRO CUENTO DE HADAS

Érase una vez
una princesa contemporánea
que vivía en el reino de lontananza.
La princesa recibió de sus hadas
miles de dones afilados,
mientras crecía dócil
como una hebra sin nudos
en la rueca del lino.
Hasta que un día el hombre bestia
le propinó heridas mortales.
Para volver a la vida
la princesa parió a su hija
sobre un nido de algodón.
Tejiendo, moviendo la rueca,
haciendo girar el huso,
la princesa iba dando de comer
a su hija, hasta que el hombre bestia
volvió para propinarles a las dos
heridas mortales.

# MEDITACIÓN DE LA ROSA

Es mi imagen
disfrazada,
es mi otro rostro,
soy yo transfigurada.
Es apariencia,
figura fingida,
es en el espejo
idéntica a mí misma.
Es lo que quiero ser
y en mi ser repudio.
Es fascinación,
encanto, desprecio.
Es vulgar y rara
pues sólo en mí existe.
Ella es eterna,
yo estoy enferma.

## ENCUENTRO CON MI MUSA

¿Qué hora es?, le pregunto.
La eternidad, responde.
Hasta que la vida se pierda.

# SERÉ HONESTA

*Si eres una buena niña*
*te daré un periquito azul*
*yo fui una buena niña*
*y sin querer abrí la puerta de la jaula*
*si hubiera sido una buena niña*
*el periquito azul no habría escapado*
*pero yo era una buena niña.*

ADÍLIA LOPES

*Hemos intentado hacernos perdonar lo que no hicimos,*
*las ofensas fantásticas, las culpas fantasmas. Por bruma,*
*por nadie, por sombras hemos expiado.*

ALEJANDRA PIZARNIK

# LA CASA VERBAL

Hay algo que estoy dispuesta a destruir,
el lenguaje.
Él lo sabe,
me ha empujado fuera de su casa
por los siglos de los siglos.
¿Por qué se niega a reconocerme el padre?
Por años fui una buena niña,
no me atrevía a contradecir su rigidez.
Y él sin nombrarme.
Yo era su hijo,
yo era el hombre,
el otro,
el uno.
Yo estaba en ellos,
nosotros,
vosotros,
algunos.
Yo era también
ninguno.
Pero yo era,
estaba,
procreaba,
permanecía
siglo tras siglo,
mujer,
habitante sumisa de su casa.

# LA PEQUEÑA IGLESIA

En la pequeña iglesia de mi vientre
encendí cirios azules y amarillos.
El fuego nunca se apagó,
su luz es persistente.
Los ritos de la vida se repiten sin descanso.
Sé que en algún lugar dentro de mí
—escondida quizás en el altar—
una fuerza más grande que mi deseo de vivir
espera el momento justo para incendiarlo todo.

# CESÁREA POR TERCERA VEZ

El cirujano me abrió el vientre
como un ojal.
La cabecita asomó,
pequeño botón precioso.
El cirujano, con una aguja antiséptica
y un hilo negro y grueso,
urdió la herida de la vida.
La puerta de mi útero
abierta y clausurada,
pero no para siempre.
Palpitaba, supuraba, dolía.
Era mi herida.
*Alma mater*, alma mía.
Ya no podía perder el hilo.
La vida de mi hijo,
su preciosa vida,
pendía de un hilo.
El cirujano cortó el cordón.
«Llegó el momento de las cuentas»,
me dijo.
Después me cosió,
por tercera vez.

## SERÉ HONESTA

Seré absurdamente honesta.
Bauticé a mi hija
con nombres salidos de poemas,
la arropé con mi alma ultrajada
y le canté canciones oscuras.
¿Puedo ser honesta?
Hice cosas peores aun.
La obligué a dormir en mi tumba,
la amamanté con leche agria,
quise retenerla para siempre dentro de mí
y después no supe cómo hacerlo.

## EL JUICIO

Ya fui juzgada.
El juicio duró una eternidad,
no fue un asunto de justicia.
El juicio fue mi castigo.
Nada más.

## ALGARABÍA

De lejos
el aire
no estaba
vacío
música
de una lengua
desconocida
similar
al canto
de la langosta
o al llanto
de las yeguas
voces
oscuras
repletas
de sol
lengua
humo
canto
retahíla
cuento
viaje
inesperado
exilio.

## BREVE TRATADO SOBRE
## LA INMORTALIDAD DE LA MATERIA

Ahora nos quedamos más.
Antes era diferente.
Mi abuela, por ejemplo,
  ella no cuenta,
ella habitaba el ahora,
pero su madre,
    bueno, su madre también,
      de 88—

Mi abuelo no,
¿o tal vez?,
nunca lo sabremos—
muerto de bala.
¿Y el otro abuelo?
¿Y la otra abuela?
Una pareja impar
    al encontrarse,
ella tan joven de 15,
él tan viejo de 51,
¿él sí? No, él no,
él no se quedó tanto,
62 años,
aunque estaba a no sé cuántos
     años luz
de mi abuela
cuando la sombra
se instaló
en la garganta de ella.

Sin tiempo,
        la medida de la luz:
distancia hasta—
¿Y esa abuela?,
ella no se quedó tanto,
poco más de 60,
muchos años
para una vida
            desamparada.
Hace 100 años
yo estaba muerta,
menos de 20
en el parto de mi hija
                mi fosa,
totalmente muerta
                        y mi hija
huérfana de mí en su año 0—
pero ahora no,
ahora nos quedamos más.
Desde pequeña
anduve
con un pie atrás
            de—
dislocada,
aunque el resto
hacia adelante,
mi pie hacia atrás.
La vida
o la muerte
dislocada,

generaciones de mí—
Yo anduve con un pie,
                el otro en mi tumba,
perdida en siglos—
a contraluz
todo avanza,
                pero
¿y esa muñeca
de plástico
ofrendada en el altar
de mi hija?
Esa muñeca y otras—
Materia inmortal.

# LA CASA

De la casa queda tan sólo una pared.
Cuesta creer que en la intensa luz
de un puñado de años
desaparecieron de su cuerpo tres salas,
ocho cuartos y una cocina grande.
Su sombra, por el contrario,
nunca dejó de crecer.
Se estiró tanto que cubrió medio mundo
hasta llegar a mí.
He intentado liberarme de sus tinieblas,
pero todo es en vano.
Cuando vuelvo la mirada,
la sombra de la casa, como la noche,
levanta sus paredes y me aplasta.

# LA CASA DEL ACANTILADO

Con hilos de olvido
la aguja enfila.
Deshace el desgarro que ve,
deja el que encuentra.
Acierta piel
muerta, tejido,
aire, carne viva:
cose la memoria,
la zurcidora ciega.

MARIA-MERCÈ MARÇAL


Basta con mirar fijamente la cicatriz,
sus imperfectas costuras,
para que la herida empiece a abrirse
y a contar sus historias.

PIEDAD BONNETT

# RECUERDOS DE UN VIAJE

Un día fui del acantilado a la locura.
No necesité mapas,
el camino lo llevaba escrito en la sangre.
Le había dado la vuelta a mi carne
como a una camisa vieja
y no sabía por qué llevaba los huesos
en una maleta.
Fue un día como otro cualquiera,
un día sobrenatural.
También mi corazón entró en las tinieblas,
los pájaros de mi piel se desorientaron
y todo fue perfecto y encontró sentido
cuando pude sentarme a la mesa.
Porque alguna vez estuve de más,
porque yo no contaba entre las sombras,
porque siendo una niña
me mudaron lejos de mi niñez.
Sentada a la mesa de la locura
me harté de ratas muertas.
¿A dónde?
Donde el mundo estuviera.
La luz era tan violenta
que fue imposible quedarme allí.

## COMO EN UN SUEÑO

Ya no tengo dónde volver.
Habito días horrendos.
He puesto mi casa sobre la luna.
Desde lo más alto,
desnuda e inconforme,
veo cómo avanzan sobre la matria
vientos asoladores.
No coseré mi boca,
no seré puntual,
no cubriré mi cuerpo.
He renunciado a la manta del miedo.
Aquel verano
fue como un mal sueño.
Vi imágenes aterradoras,
personajes grotescos,
monstruos del pasado
otra vez presentes,
y el latido del miedo
en mi corazón.
Para salvarme
los libros escalaron hasta mí.
Tantas palabras en mi lengua.
Palabras que no usaré jamás.
Voces que se comieron los ratones
con sus dientecitos afilados.
Ya no tengo dónde volver.

# MI LENGUA

Mi lengua se la comicron los ratones.
Todavía recuerdo el sabor de mi lengua materna,
era dulce como los nísperos del patio.
Su corazón era brillante y oscuro,
como el ojo de buey.
Donde antes tenía una lengua
ahora tengo dos.

# TIJERAS, TELAS, AGUJAS

Cuando yo era una niña
mi madre cortó con sus tijeras miles de telas.
Enhebró el hilo de la voz a la aguja de su Singer
y con él cosió sin descanso
las telas del amor y el desamor.
Con retazos de miedo
armó mi manta de dormir.
En el taller de su pensamiento
diseñó para mí vestidos apretados,
incómodos, difíciles de vestir
—piezas de colores opacos—,
que aún reposan en mi ropero.
Cuando crecí
—no me enseñó a coser
o tal vez sí—,
me alejé de ella dando puntadas
en la tela del abandono.
Es el destino de cada madre
y de cada hija,
empujar eternamente la costura
en una línea recta que desune.

# EN LA TORMENTA

*Cuando escuches el trueno me recordarás*
*y tal vez pienses que amaba la tormenta...*
ANNA AJMÁTOVA

En la tormenta temo por el árbol.
El viento lo azota sin misericordia,
el rayo apunta directo a su corazón.
No quiero morir, grita el árbol,
y la tormenta sorda lo flagela.
Vi a un pájaro cargando a un elefante
en su espalda.
Era un poco grotesco,
pero quise verlo.
No conocía esos pájaros extraordinarios,
alguien los había borrado de los libros,
pero aquel seguía allí,
con su elefante.
¿Una imagen
o un estado del alma?
Tormenta, árbol y aquel pájaro.
La casa no albergaba la felicidad,
permanecía impávida frente a la tormenta.
Ni siquiera se mojaba un poco,
demasiado rígida.
Y esa ventana, para ver el adentro.
Quería ver,
pero tenía miedo de ver.

## LO NUESTRO

Mi madre cosía ajeno.
Todo lo que sus manos cosían
se iba.
Toda su vida era coser para la calle.
De ese todo
poco quedaba en casa.
Retazos,
miles de retazos de lo ajeno
que ella volvía a coser
para armar lo nuestro.
Me llevó casi medio siglo comprender
que su oficio y el mío
no son tan distintos.
Sentada frente a mi máquina,
pongo en marcha el mecanismo:
unir palabras ajenas
para crear lo propio,
mientras remiendo,
mido, enredo,
desenredo y corto.
Al igual que mi madre,
aunque trabajo sin descanso,
poco de casi nada
me pertenece.

# EL ACANTILADO

La casa estaba anclada
a la orilla del acantilado
más alto de la tierra.
Durante las tormentas
el viento la empujaba
hasta la garganta del mar.
El abismo habitaba
junto a nuestras camas,
abierto, húmedo e insaciable
como mi hambre de amor,
como mi sed de tierra firme.
Eran largas las noches
de la costurera insomne,
la joven de la espalda partida,
la cabeza clavada a la tela
y los ojos desgastados
a la luz de una vela casi eterna.
Esa joven costurera era mi madre,
la misma que cosió con su hilo de voz
mi traje de poeta.

# AL PRINCIPIO

Al principio yo no sabía de su existencia.
Vagaba por los mundos
arrastrando mi deseo de nacer,
hasta que de la nada
vi aparecer su rostro juvenil.
La amé.
Amé a mi madre más que a la vida
que nunca llegué a poseer completa.
Sin merecerlo me dio la ocasión de existir
y no lo dudé,
me agarré a su entraña preñada de miedo
y me lancé desnuda a los brazos del mundo.
Mi madre no me quería,
yo no estaba en sus sueños adolescentes,
fui en su vida
—lo supe desde siempre—
una invitada inoportuna.
Su vientre,
hotel de grillos y cámara de espejos,
puerta prohibida donde empezó el amor.
Su vientre,
¿puerta al infinito?
paisaje de acantilados y fiebres,
jeroglífico líquido,
¿puerta a la muerte?
Viví. Mientras viva,
viviré sumergida
en su agua primordial.

## LA VOZ, EL AIRE

De niña lanzaba al aire
el rojo vivo de mi voz
para que mi madre lo viera.
Ella, valiente pastora,
espantaba al lobo
y me acunaba en sus brazos.
Cuando la canícula me acariciaba la cabeza
un hilillo de sangre solía correr por mi nariz.
Mi madre me limpiaba el rostro
con su pañuelo inmaculado
para que la sangre no atrajera al lobo.
Pero el lobo era astuto
y supo esperar la otra sangre.
Me hice mujer en un país recóndito,
en medio de altos pastizales de huesos
y serpientes.
Por los caminos que cruzan el acantilado
derramé mi sangre a la altura de los pájaros.

# LUZ Y VIENTO

*¿De qué le sirve a uno ganarse el mundo entero, si pierde su alma?*
MARCOS 8:37 EN LA VOZ DE MI MADRE

Dijo mi madre:
«Hágase la luz».
Y la luz se hizo camisa
y habitó sobre mis senos.
Dijo mi madre:
«Amarra a la perra en celo
o la amarraré yo.
La mujer que eres,
a esa le hablo».
En el acantilado
me había ensordecido,
o el mundo
me había enseñado otra lengua.
Las palabras
daban vueltas y vueltas
pero no se paraban junto mí,
seguían por caminos salvajes
deseando encarnar.
«En mi cuerpo tú buscabas el viento»,
dijo el mundo.
«El viento viene preñado de piedras»,
dijo mi madre.
«De piedras y algodones»,
respondí yo.

Soy hija del mundo,
estoy preñada de miedo.
El mundo
me susurra palabras dulces:
«Hija», me dice,
«en tu jardín de huesos
edificaré mi casa.»

# CADA NOCHE LOS CÓNDORES

Cada noche
mi madre se cubría el cabello
con una toca de lino puro.
Los cóndores cruzaban el acantilado
y rozaban con sus alas
la piel erizada de los árboles.
Abajo,
en la profundidad de nuestro sueño,
mi madre barría
con la escoba laboriosa de su apretada moral,
retazos de conversaciones, pensamientos,
pactos, cantos prohibidos,
otros pensamientos.
Cada noche,
los cóndores picoteaban con insistencia
el ojo invisible de la luna,
arrasaban las alturas
con su grito demoledor.
Mi madre no dormía,
se enroscaba en mi cabeza
y rezaba.
Sus palabras repetidas,
un rosario de miedo.
Mi madre era la respiración,
mi madre era el pozo,
mi madre era la luna,
mi madre estaba ciega
y me miraba con ojos feroces.

Cortar el cordón
—me decía yo—,
es necesario cortarlo,
empuñar las tijeras de la voluntad.
Aceptar que ningún lado
es un destino posible.
El tiempo se bifurcaba
como dos costuras simultáneas
sobre la tela de la vida.
El tiempo
cosía, me cosía.
Cuando salí del acantilado
lo hice envuelta en llanto,
rodeada de barrotes,
custodiada por cóndores.

# TUVE QUE HUIR

Tuve que huir del acantilado.
Su aliento frío aún me arde en la cara.
El humo de su recuerdo me asfixia.
Escribo y tributo mis palabras al fuego.
Mi pasado,
pájaros negros en la tela blanca del pecho.
Las grandes palabras las llevo cosidas a la piel,
las grandes palabras me mantienen viva.
Ahora soy la extranjera,
en ninguna tierra conocen mi nombre,
los que antes me amaron
me olvidaron o murieron.
Mi único vestido, mi nombre,
se rompió en mil retazos.
En mi cabeza la voz de mi madre me nombra,
deshonrada, rota, descosida,
desnuda y amátrida.

# EN EL MISMO LUGAR

He pregonado mi derecho a morir desnuda.
Sufro en mi carne el dolor de los vestidos apretados.
En casa, acostada con un libro entre las manos,
he sentido cuánto me oprime lo que llevo puesto.
Pocas veces vestí el traje del silencio, es cierto,
pero cuando lo usé los poemas brotaron incontenibles,
fue imposible callar en mí, esa, mi propia voz.

# TERRITORIO

Matria asolada en la memoria.
La casa que alguna vez existió,
hoy desierto, mancha dorada,
los ojos ya no pueden descansar en ella.
Duele demasiado la luz.

# NO PUEDO POSPONER EL AMOR

*No puedo posponer el amor para otro siglo*
*no puedo*

ANTÓNIO RAMOS ROSA

## NO PUEDO POSPONER EL AMOR

Una herida abres en mi boca,
brotan las palabras

*

Para ti Dios nunca será sencillo

—un padre bondadoso
de barba blanca y mejillas rosadas
o un
            monstruo
no tan monstruoso como para afeitarse la barba larga
y recortarse un bigotito oscuro—

*

En las piedras con sangre te despierto,
te doy vuelta
al revés de mi cuchillo.
Cada noche te he soñado.

Tú te alzas,
tú perforas los sueños del viento.

Baja por mi lengua,
quiero subir, quiero bajar
a tientas
a esconderme en tus huesos.

## NO PUEDO POSPONER EL AMOR, NO PUEDO

En todas las calles te encuentro,
en todas las calles te pierdo

*

Yo te envío palabras
desamparadas y desiertas

por el silencio fascinadas.

En el vacío de las tuyas
enciendo una lámpara.

## NO PUEDO POSPONER EL AMOR, LO REPITO, NO PUEDO

Una noche al salir de mí misma
entré dulcemente en el quejido de la tierra.
Mi cuerpo ondulaba en el verde
                y yo corría sobre ti.
Mi cuerpo ondulaba mi cuerpo ondulaba
y yo corría sobre ti como quien entra
en el quejido de la tierra.
Tú te erizabas,
             tú te reías de mí y ondulabas
y una puesta de sol infinita
               engullía la semilla redonda y verde de mi desdicha.
Tú te alzabas,
           tú perforabas los sueños,
                        tú me habitabas.
Desde mi pecho se abría paso un río
hasta el rugido del mar en llamas.
Tú me apartabas.
           Tú me atraías hacia ti.
                Tú me devorabas.
Por ti he oído lo que nunca antes se oyera:
el canto de mis huesos.

# EL CANTO DE MIS HUESOS

Ella se acerca por el este,
por mi cuerpo corre el escalofrío
de su anticipada llegada.
Ella, tan vaga e indecisa antes,
tiene escogido cuerpo, sitio y hora.
No es la dicha,
no me promete descanso ni placeres,
pero mi cuerpo la reclama con el temblor de las vísperas
y el fuego.
Soy ya su destinada presa.
Al nacer ella puso dentro de mí la semilla
diminuta, redonda y brillante
que habría de habitar en mis venas.
Cuando otros veían en mí la evidencia de la vida,
ella trabajaba arduamente para que el dragón germinara
y la semilla,
criatura alada y terrestre, me poseyese
y labrara en mí su surco espeso,
cuando en mi pecho el dragón volara
rasgando con sus patas cualquier indicio de dicha.

# ANA ENCUENTRA A JOAQUÍN ANTE LA PUERTA DORADA

*(Giotto di Bondone, fresco de la Capilla de la Arena, Padua, 1305-1306)*

*Para Edouard Rambourg*

Abrazo y beso.
Abrazo. Beso. Destello.
El corazón
una nube
preñada de sol.
La puerta está abierta.
Pasa, amor mío.
Crece.

# POEMA QUE SE DEBÍA

*Para Edouard Rambourg*

Lo recibí sin ropa.

Un amor liberado
del miedo.

Cadenas rotas,
jaulas de tiempo, abiertas,
ninguna herida abierta.

Sólo cicatrices, impalpables,
líneas de un mapa vital.

Un amor descarnado,
invertebrado, también.
Sin máscaras ni guantes.

Un amor,
blanco hasta el hueso,
imposible de vestir.

## JARDÍN DE HUESOS

Hoy ha muerto otro hombre que amé.
Hoy ha muerto otro hombre que me amó.
Voy sembrando viudeces en mi jardín de huesos.

# DESIERTO

El fuego tiene sed.
El fuego tiene sed
o lo leí mal en un poema
o el fuego
no sabe
lo que sabe la sed.
Y mi cuerpo tiene sed
y fuego.
Arde desierto.

# ÍNDICE